GUIDE PRATIQUE

DU BIJOUTIER

Pour paraître prochainement.

GÉOMÉTRIE PERSPECTIVE

APPLICATION PITTORESQUE

A

LA BIJOUTERIE.

Dans ce Traité, nous quitterons les données sèches, arides et insuffisantes des Traités émis jusqu'à ce jour, nous appliquerons directement nos démonstrations à la Bijouterie.

Nous espérons alors atteindre le but pratique qui doit être l'objet de tout Traité professionnel.

Paris. — Typographie Hennuyer, rue du Boulevard, 7.

BIBLIOTHÈQUE DES PROFESSIONS INDUSTRIELLES ET AGRICOLES.

GUIDE PRATIQUE

DU BIJOUTIER

APPLICATION

DE L'HARMONIE DES COULEURS

DANS

LA JUXTAPOSITION DES PIERRES PRÉCIEUSES

DES ÉMAUX

ET DE L'OR DE COULEUR

PAR

L. MOREAU

Bijoutier-Dessinateur,

Membre de la Société du Progrès de l'art industriel.

PARIS

LIBRAIRIE SCIENTIFIQUE, INDUSTRIELLE ET AGRICOLE

E. LACROIX, ÉDITEUR,

Libraire de la Société des Ingénieurs civils,

15, QUAI MALAQUAIS, ET 295, RUE SAINT-MARTIN.

1863

GUIDE PRATIQUE
DU BIJOUTIER

INTRODUCTION.

. . . .

Mais, me direz-vous, des goûts et des couleurs il ne faut pas discuter !

Dans certains cas, ceci est vrai, et vient fort à propos pour clore une discussion sans importance. Mais il faut bien se garder de prendre ce dicton à la lettre et de l'appliquer à tout propos. L'insouciance aime assez à s'en servir ; en effet, ce proverbe vient au secours de l'ignorance en matière de goût et la console, en pensant que toute connaissance théorique qu'elle n'a pas est inutile. Puis ceci est plus commode, et dispense de tout travail intellectuel.

Dans notre profession surtout, cette manière de raisonner produit les plus fâcheuses conséquences. C'est pour être restés sous l'influence de ce préjugé que la plupart de nos ouvriers, même les plus habiles, trouvent souvent leur jugement paralysé dans le travail, sans se demander s'il n'y a pas moyen de secouer le joug sous lequel les retient la routine. Si nous considérons qu'une pierre fine doit une grande partie de sa valeur à la manière dont on sait la faire valoir, il est incontestable, dès lors, qu'aucun soin, aucun calcul. ne peuvent paraître puérils, qui ont pour but de concourir à en augmenter le prix.

Et cependant n'est-il pas singulier que, dans une profession qui a pour objet de monter les pierres fines de couleur de la manière la plus avantageuse, l'on ignore généralement les principes dont l'application peut en augmenter la beauté! Sans doute, l'expérience a misl'ouvrier d'un certain âge en possession de certaines roueries relatives au montage des pierres ; mais ces subtilités, fruits de tâtonnements innombrables, ne sont pas appuyées par des principes qui puissent être clairement démontrés.

De ce manque de principes résultent ces effets faux et discordants produits par des faiseurs routiniers, et dont la plupart des étalages de bijouterie nous offrent de si curieux spécimens. Dans ces temps derniers surtout, où la mode tournait au byzantin, quelles arlequinades de mauvais goût n'a-t-elle pas produites! Cependant, les couleurs sont soumises à des influences réciproques si bien déterminées et si importantes, que leur raison d'être a vivement préoccupé des hommes de grand savoir, et dont le goût a été regardé comme l'expression du sens visuel le plus généralement répandu.

Mais d'où vient que cette préoccupation, qui a déterminé des savants tels que Buffon, Haüy, et plus récemment M. Chevreul,

qui, rassemblant les idées de ses devanciers et
y joignant celles que lui fournissait sa grande
expérience, a créé un si remarquable ouvrage;
d'où vient, dis-je, que cette préoccupation soit
restée sans solution irrécusable? C'est que ces
savants n'ont pas voulu déroger d'un système
créé ou adopté par eux exclusivement, qui est
la donnée ordinaire des physiciens, et avec lequel ils ont voulu tout expliquer, sans vouloir
transiger avec toute autre théorie, la vérité
dût-elle en dépendre.

Aussi leur explication, donnée à un certain
point de vue dans le monde savant, peut fort
bien satisfaire les gens spécialement attachés à
ce point de vue, sans pour cela donner satis-
faction aux praticiens, qui ne peuvent se payer
d'illusion et n'ajoutent foi qu'à une théorie
claire, précise et palpable. Ainsi, la théorie du
contraste et du mélange des couleurs qui dé-
rive de l'optique et qui est adoptée par les physiciens n'est pas toujours celle des peintres; de
même l'une et l'autre ne sont pas susceptibles
d'être appliquées à la bijouterie.

Le point de vue n'est pas le même, par suite
d'un concours de circonstances qu'exige l'avantage qu'il faut donner aux pierres. L'ensemble
doit souvent ici être sacrifié à la partie, quand
la valeur de cette partie passe comme première
condition. Du reste, chaque état a son point
de vue; si l'ouvrier veut consulter un traité
relatif à une autre profession, il est sujet à une
foule d'erreurs et de mécomptes.

En effet, le chimiste ne lui parle que de l'a-
nalyse des éléments qui constituent les couleurs ; le physicien, des phénomènes de l'optique, phénomènes problématiques, au point
de vue réalisable, et tout à fait illusoires quant
à notre profession ; le peintre, ou plutôt les
peintres, car chacun a sa théorie de convention, qui se perd plus ou moins dans les brouil-
lards de l'idéal, ne lui en diront pas plus ; et
le savant, donc ?

Ah ! le savant de profession ! Lui, se jettera
dans une foule de démonstrations ardues, hé-
rissées d'expressions algébriques, dont la
complication ne servira qu'à cacher le vide de

ce qu'il veut dire, et qui, après bien des efforts et avoir produit un gros volume dont la lecture tient notre esprit dans une tension pénible, finit par nous expliquer une vérité de M. de La Palisse.

Ceci rebute. Rebuté donc de consulter des traités qui fatiguent son attention, sans rien lui apprendre des phénomènes qui se produisent dans son travail, sans lui donner le moyen de les déjouer ou de les produire à volonté, l'ouvrier se persuade alors que toute théorie est impuissante, qu'il n'a rien à apprendre que de la routine, et s'en remet au hasard du soin de le guider dans son travail. C'est pour l'arracher à cette idée que nous avons entrepris ce travail.

Nous avons réuni les données fournies par la science et, les comparant aux observations faites dans la pratique du métier, nous avons formé une théorie applicable à la bijouterie. Que ceci soit fait, tout en protestant de notre respect pour la science d'hommes tels que les noms cités plus haut. Loin de nous la pensée de les accuser d'erreur ; parmi les gens du monde et les savants, les principes énoncés par ces grands physiciens font loi, et il n'est jamais bon de froisser l'amour-propre de telles autorités, ni de ceux qui, s'étant formé leur croyance d'après ces principes, verraient avec désappointement une théorie nouvelle faire violence à leur opinion. Non ; restons dans le cadre modeste qui nous est dévolu ; nous nous serions même résigné à un rôle passif, si les théories soumises jusqu'à ce jour pouvaient satisfaire les besoins réclamés par notre état.

Mais il n'en est pas ainsi, et une impérieuse nécessité demande une solution à toutes ces vagues propositions. En effet, les ouvriers praticiens de chaque jour ne se piquent pas toujours d'une respectueuse complaisance pour les théories problématiques des savants, fussent-ils membres de l'Institut ; ce qu'il leur faut, c'est une vérité simple, nette, précise. Nous l'avons vainement cherchée dans les traités faits jusqu'à ce jour. En effet, le beau travail de M. Chevreul, si savamment conçu, et rassemblant les expériences de tous ses prédécesseurs, n'aboutit qu'à cette vérité, qu'il érige en principe et qui fait toute la base de sa théorie, savoir :

Dans le cas où l'œil voit en même temps deux couleurs contiguës, il les voit le plus dissemblables possible, quant à leur composition optique et quant à la hauteur de leur ton.

Il me semble que cette vérité est vieille comme le monde, ou, tout au moins, comme le mot contraste, qui a été créé pour l'énoncer. En un mot, cette vérité n'est que la définition du fait connu et constaté par bon nombre de physiciens. Mais où est le motif, la raison d'être, en un mot, la règle naturelle et immuable qui ordonne cette manifestation ?

Hélas ! elle n'est pas dans un ouvrage aussi remarquable (*note 1*).

Alors, où la trouver ?

C'est un problème que nous allons essayer de résoudre. Mais, pour y parvenir, il nous faut abandonner la donnée des physiciens, qui

fait reposer toutes leurs démonstrations sur
les expériences fournies par le spectre solaire ;
il nous faut revenir à cette théorie si simple et
si naturelle, qui prend pour base et ne recon-
naît que les trois couleurs primitives : le bleu,
le jaune et le rouge. En la suivant, nous trou-
verons les éléments d'une explication véritable
et compréhensible, que nous érigerons en
principe. Mais n'anticipons pas ; n'intervertis-
sons pas l'ordre qui doit régner dans ce traité,
afin de lui laisser toute la clarté désirable.

PREMIERE PARTIE.

MÉLANGE DANS LES COULEURS.

I

Modifications que les couleurs éprouvent suivant leur emploi.

Les couleurs subissent plusieurs genres de modifications, suivant leur emploi (*note* 2) ; les unes résultent de leur mélange, et les autres du contraste qui se produit par leur voisinage. Ceci nous oblige de diviser nos observations en deux parties. Dans la première, occupons-nous des changements que les couleurs subissent réellement par leur mélange. Dans la seconde, qui traite du contraste, nous nous occuperons des nuances accidentelles que les couleurs acquièrent par l'effet de leur voisinage.

Ces nuances accidentelles sont dues à l'illusion, et l'impression qu'elles causent à l'œil est si évidente, qu'on ne peut les nier, et que souvent il suffit de l'influence qu'il en reçoit

2.

pour déterminer tel jugement sur la beauté, et partant sur le prix d'une pierre.

Pour bien déterminer la différence qu'il y a entre le mélange ou mariage et le contraste, citons deux emplois différents des mêmes couleurs, et nous verrons, dans ces mêmes couleurs, des modifications opposées et relatives à chacune des deux parties que nous allons traiter.

1° Si nous mettons un émail bleu transparent sur un fond d'or bien jaune, c'est-à-dire à 22 carats, il en résultera un mélange dans le bleu de l'émail, qui en sera altéré, et qui prendra une teinte verdâtre provenant du mélange du bleu et du jaune.

2° Si, au contraire, nous mettons ces deux couleurs l'une près de l'autre, soit, par exemple, au milieu d'un bijou mis en couleur, une plaque émail bleu de roi flinqué sur argent, il n'y aura plus, entre la couleur or fin du bijou et l'émail bleu, mariage, mais contraste, et nous aurons des modifications opposées ; l'éclat de chaque couleur s'en augmentera, le bleu paraîtra d'une teinte plus violette qu'il n'est réellement, et le jaune tirera sur l'orangé lumineux.

Mais voyons la première partie, et les couleurs dans les conditions de mélange qu'on leur fait subir en bijouterie ; ceci a principalement rapport aux émaux.

II

**Mariage des couleurs,
de leur mélange dans les émaux
et dans les ors de couleur.**

Les émaux opaques sont ici exempts de nos observations. Nous n'avons à nous occuper que des émaux qui, par leur transparence, sont sujets à avoir leur couleur plus ou moins altérée, suivant la nuance de l'or sur lequel on les applique.

Les émaux sont des oxydes métalliques unis à une substance vitrifiable. L'émailleur en tire les différentes sortes de rouge, de bleu, de jaune, etc., qui sont dans la nature.

Le mélange de ces oxydes produit des couleurs différentes ou des nuances nouvelles. Mais s'il est de la spécialité de l'émailleur d'obtenir, par des combinaisons chimiques, ces diverses couleurs, soit dans leur état de pureté, soit dans leur mélange ; en un mot, de nous les fournir dans des conditions de tons et de nuances imitant la pureté et l'éclat des fleurs, c'est à nous, dans l'emploi que nous voulons en faire, de ne pas en altérer la pureté, en fournissant à l'émailleur un or d'une nuance malencontreuse qui s'opposerait à un bon résultat.

Pour échapper à cet écueil, il est bon et nécessaire de connaître les résultats du mélange des couleurs. Sans doute, l'émailleur peut quelquefois remédier, à l'aide de certaines combinaisons, à une mauvaise disposition ; mais ceci n'est qu'un palliatif, un expédient sur lequel il ne faut pas compter. Il est donc plus rationnel de ne pas livrer aux complications du hasard une opération qui peut être faite simplement et sûrement, et pour peu que l'on soit pénétré de la théorie qui suit, il est facile de prévoir les modifications qui peuvent survenir dans la coloration des émaux, et dont la non-explication fait souvent le désespoir du travailleur. Nous n'avons pas à suivre la nature dans toutes les nuances dont elle se plaît à colorer les objets. Ceci est l'infini et échappe à toute démonstration.

Bien que cette étude multiple soit nécessaire dans la peinture, elle est inutile dans la bijouterie, qui n'a pour objet que de maintenir les couleurs dans leur grand éclat de pureté. Nous n'admettons donc pas le mélange de plus de deux couleurs primitives, car, au delà, l'intervention d'une troisième ne fait que salir la couleur composée, ou procure des tons en couleurs rompues que nous n'employons pas ordinairement dans notre partie.

N'ayant à nous occuper que de notre spécialité, nous laissons de côté, pour éviter toute complication inutile, tout ce qui n'a pas un rapport direct avec elle, ce qui nous permettra de réduire la chose à sa plus simple donnée et, par cela même, à la rendre plus claire.

Nous ne reconnaissons que trois couleurs proprement dites, qui sont les couleurs mères, car elles servent, par leur mélange, à fournir les autres; et primitives, car elles ne relèvent que d'elles-mêmes. Ce sont : le rouge, le jaune et le bleu. Ces couleurs, par leur mélange, donnent naissance aux couleurs composées, qui sont : le violet, formé du rouge et du bleu; l'orangé, formé du rouge et du jaune ; le vert, formé du jaune et du bleu (Voir pl. I).

Puis ces couleurs composées se divisent chacune en plusieurs nuances, qui varient suivant les proportions plus ou moins égales des deux couleurs.

Ces couleurs mères, composées et nuancées, se divisent encore en tons clairs ou foncés, qui proviennent de l'addition de ce que l'on nomme le blanc et le noir. Mais, dans les couleurs transparentes, le blanc et le noir n'existent pas; c'est le plus ou moins d'épaisseur de l'émail qui fait le ton clair ou foncé de la couleur (*note* 3).

Partant de ces principes, il est facile de prévoir et, par conséquent, d'ordonner ou de déjouer à volonté tout changement dans la nature de chaque couleur, soit qu'on veuille l'employer dans son plus grand état de pureté, soit qu'on la destine à l'imitation d'un objet quelconque.

Pour servir d'exemple et faciliter toute recherche, nous avons dressé les tableaux suivants, qui nous indiquent les influences subies par la couleur des émaux, suivant les différentes nuances de l'or ou de l'argent sur lesquelles on les applique (*note* 4).

III

Modifications dans la couleur des émaux

Modifications dans la couleur des émaux, suivant les ors ou argent qui servent de fond.

ÉMAUX.	ARGNT FIN.	OR BLANC A 18 CARATS.	OR DE 20 A 22 CARATS.	OR ROUGE.	OR VERT.
ÉMAIL VERT.	Le fond argent le rend blanchâtre et procure des tons crus.	L'or blanc n'est pas positivement nuisible, mais il le rend froid à l'œil.	C'est sur cet or qu'il prend la plus belle teinte qu'il est susceptible d'avoir.	Dénature la couleur verte par sa teinte tout opposée.	L'or vert lui donne une teinte froide, mais plus vive.
ÉMAIL ROUGE.	Sur argent l'émail rouge est très-vif mais un peu trop criard à l'œil.	L'or blanc convient assez bien à l'émail rouge.	Cet or est encore l'or qui convient le mieux à cause des reflets chauds et veloutés qu'il procure.	Ne peut lui être nuisible quant à sa teinte, mais il renferme une quantité de cuivre sujette à s'oxyder et ternir les couleurs.	Emploi à éviter, la couleur de l'émail se dénaturant.
ÉMAIL VIOLET.	Comme l'émail bleu, le violet a besoin d'un fond argent pour conserver toute sa pureté.	L'or blanc lui communique une teinte veloutée qui le rapproche de la nuance de la pensée.	L'or à 20 carats le pousse un peu au brun, nuance quelquefois nécessaire pour imiter certaines fleurs.	Prend sur or rouge une teinte pourprée, mais il est bon d'éviter cet emploi.	Son emploi est tout à fait opposé à un bon résultat, il ne fait que salir sa couleur.

ÉMAUX.	ARGENT FIN.	OR BLANC A 18 CARATS.	OR DE 20 A 22 CARATS.	OR ROUGE.	OR VERT.
ÉMAIL BLEU.	L'argent est le métal le plus propre à conserver le bleu dans toute sa pureté.	L'or le moins coloré est celui qui convient le mieux, il demande à être champlevé profond afin que la nuance de l'or n'apparaisse pas à travers le bleu.	Sur cet or le bleu contracte une teinte verdâtre résultant du mélange du bleu et du jaune, qui est la couleur prononcée de l'or à 20 carats.	L'or rouge ne peut convenir à cet émail sans l'altérer et le pousser au violet.	Cet or lui donnerait une teinte sale et un aspect froid et criard.
ÉMAIL ROSE.	Conserve une teinte rose bien pure.	Change un peu sa nuance et la rapproche de la couleur chair.	Prend sur cet or une nuance orangée.	Devient d'une teinte plus intense.	Cet emploi lui est contraire.
ÉMAIL JAUNE.	Devient couleur citron ; ton trop froid.	Prend alors une couleur agréable.	Sur cet or il prend une teinte orangée.	Sur cet or il devient tout à fait couleur orange.	Il prend sur l'or vert une couleur feuille morte.
ÉMAIL GRIS.	Conserve sur argent sa teinte propre.	L'or blanc lui donne une teinte jaunâtre.	Sur l'or fin il contracte une teinte orangée.	L'or rouge lui communique une teinte rosée.	Devient gris verdâtre.
ÉMAIL BRUN.	Devient sur argent grisâtre et froid.	L'or blanc ne l'altère pas et lui convient assez.	Prend une teinte brune veloutée que possèdent certaines fleurs.	Devient brun rouge de la couleur bronze florentin.	Prend une teinte bronzée.

IV

Émaux opaques.

Les émaux opaques ne reçoivent de modifications (quant à ce qui est du travail du bijou-
tier) que de l'or qui les borde. L'influence en
est bien minime dans cette condition, l'or
n'apparaissant généralement que par filets plus
ou moins larges. Cependant, si délicates qu'elles
soient, si nous voulons en avoir une idée, nous
pouvons nous la former d'après les principes
de la deuxième partie, car elles sont produites
par le contraste.

DEUXIÈME PARTIE.

DU CONTRASTE DANS LES COULEURS.

1

Du contraste dans les couleurs.

Nous ne reconnaissons toujours pour primitives que les trois couleurs mères : le rouge, le jaune et le bleu. Les autres couleurs, formées par le spectre solaire, ne sont pour nous que des couleurs composées, conséquence du mélange des couleurs primitives voisines, qu'aucune limite n'empêche de se mélanger, et qui produisent même une infinité de nuances intermédiaires, variant d'après l'éloignement ou le rapprochement de l'une ou de l'autre des deux couleurs qui les forment (*note* 5).

Or, d'après l'observation des phénomènes que la pratique de notre métier constate tous les jours, nous sommes parvenu à cette décision, que toutes les modifications qui se produisent par le contraste des couleurs dépendent d'une loi naturelle dont nous formulons ainsi le principe.

PRINCIPE UNIQUE :

Les trois couleurs mères ou primitives tendent toujours à se réunir, pour se produire ensemble à la vue.

Ainsi, si l'on rapproche deux couleurs mères et qu'on les mette contiguës, elles s'empreignent de la troisième qui manque.

Exemple : Si nous mettons à proximité l'une de l'autre les couleurs suivantes :

1° *Bleu,* *Jaune.* — Elles prendront du rouge pour compléter la série des trois couleurs et paraîtront . . . . *violette, orange.*

2° *Jaune,* *Rouge.* — Elles prendront une teinte de bleu et nous paraîtront. . . . . . . *verdâtre, violette.*

3° *Bleu,* *Rouge.* — L'œil les verra s'empreindre d'une teinte jaunâtre, qui les fera paraître accidentellement.. . . . *verdâtre, orange.*

Nous pouvons croire que ces phénomènes
sont le résultat d'une loi de la nature qui tend
à nous présenter sans cesse la réunion des
trois couleurs simples. Là est le secret de son
harmonie, dans un tout qu'elle veut rendre
agréable à l'œil.

INDUCTION TIRÉE DU PRINCIPE ÉNONCÉ PLUS HAUT.

Non-seulement les trois couleurs primitives
veulent se produire ensemble à la vue ; mais
elles tendent à s'y produire dans une égale
proportion. De cette induction nous tirons les
conséquences suivantes :

PREMIÈRE CONSÉQUENCE.

Si nous mettons contiguës deux couleurs
composées ayant une couleur qui leur est
commune, elles s'exaltent chacune dans la
couleur qui lui est propre, au préjudice de la

couleur qui leur est commune, et tendent par
là à établir des proportions entre elles.

1º *Orangé*	Augmentera sa couleur propre et sera plus..	*jaune,*
et	Couleur qui leur est commune. .	*rouge.*
Violet.	Augmentera sa couleur propre et sera plus.	*bleu.*
2º *Vert*	Augmentera sa couleur propre et sera plus	*jaune.*
et	Couleur qui leur est commune. .	*bleu.*
Violet.	Augmentera sa couleur propre et sera plus.	*rouge.*
3º *Vert*	Augmentera sa couleur propre et sera plus	*bleu.*
et	Couleur qui leur est commune . .	*jaune.*
Orangé.	Augmentera sa couleur propre et sera plus	*rouge.*

DEUXIÈME CONSÉQUENCE.

Quand deux couleurs sont contiguës, l'une
simple, l'autre composée, mais participant
de la première couleur ;

La couleur simple s'empreint de la couleur
qui manque.

La couleur composée s'exalte dans la couleur

qui lui est propre, au détriment de la partie qui a de l'analogie avec la couleur simple.

1° Rouge et Violet.	S'empreint de la couleur qui manque et paraît plus.	*jaune.*
	Couleur qui leur est commune. .	*rouge.*
	S'augmente dans le bleu qui lui est propre.	*bleu.*
2° Jaune et Vert.	Le jaune s'empreint de la couleur qui manque et est plus	*rouge.*
	Couleur qui leur est commune. .	*jaune.*
	Augmente sa couleur propre et paraît plus.	*bleu.*
3° Bleu et Violet.	Tendra à paraître vert en prenant du.	*jaune.*
	Couleur qui leur est commune s'efface.	*bleu.*
	Le rouge s'avive dans le violet. .	*rouge.*

TROISIÈME CONSÉQUENCE.

Quand une couleur simple se trouve en contraste avec une couleur composée des deux autres, la couleur simple s'épure de toute nuance ayant rapport à la composition de sa voisine, au bénéfice de celle-ci, dont les couleurs s'exaltent pour arriver à la proportion d'intensité de la première.

Les trois couleurs se trouvant réunies naturellement dans cet ensemble s'avivent mutuellement et produisent le résultat le plus harmonieux.

1° *Rouge*	Le rouge s'épure et paraît d'un beau	*rouge.*
Vert.	Les deux couleurs qui composent le vert s'exaltent et augmentent en.	*jaune.* *bleu.*
2° *Bleu*	Le bleu s'épure et devient plus beau	*bleu.*
Orangé.	L'orangé s'exalte dans les deux couleurs qui le composent. . .	*jaune,* *rouge.*
3° *Jaune*	Le jaune s'épure et paraît plus beau	*jaune.*
Violet.	Les deux couleurs qui composent le violet, augmentent d'intensité.	*rouge,* *bleu.*

Nous avons cité, dans les exemples qui précèdent, toutes les combinaisons de couleurs qui peuvent se trouver en contraste, et pas une ne se trouve en contradiction avec le principe d'où découlent toutes ces conséquences.

Pas une ne fait exception à la règle (*note* 6).

A la vue d'une pièce de bijouterie qui se trouve dans les conditions voulues, l'œil ne peut se soustraire à l'influence du principe énoncé dans le chapitre précédent, et un examen prolongé ne fait que lui prêter une énergie qui ne laisse plus aucun doute (*note* 7). Il résulte de là, pour aider la nature dans ses manifestations d'harmonie, que, si nous avons en vue d'avantager une pierre de couleur ou un émail quel qu'il soit, nous voulons que sa couleur se produise dans toute la richesse qu'elle est susceptible d'avoir comme couleur primitive, donnons-lui pour voisinage immédiat la réunion des deux autres. Puis, afin que la première de ces couleurs conserve la suprématie, réunissons les deux autres en une seule qui sera alors une couleur composée et qui prendra le nom de *complémentaire,* relativement à la première, c'est-à-dire complétant la réunion des trois couleurs primitives. Nous voyons donc que chaque couleur mère trouve sa complémentaire dans une couleur composée de la réunion des deux autres. Par contre, chaque cou-

leur composée trouve sa complémentaire dans
la couleur primitive qui n'entre pas dans son
mélange. Il n'y a pas, pour la même raison,
de couleur, quelle que soit sa composition, ni
de nuance qui n'ait sa complémentaire et ne
puisse gagner à un assortiment bien combiné.
Ces conséquences de notre principe se mani-
festent en tout point dans l'analyse que nous
allons en faire relativement aux pierres fines.

Notre but étant l'utilité pratique, et non
d'entraîner l'ouvrier dans des recherches com-
pliquées à l'infini, nous croyons qu'il est plus
rationnel de faire nous-même le travail nécessaire et de lui indiquer ici la complémentaire
de chaque couleur de pierre. Le nombre des
pierres précieuses employées en bijouterie n'est
pas si grand, que nous ne puissions dresser ici
un cadran-tableau qui indiquera de suite les
complémentaires des principales.

Les émaux étant principalement employés en
bijouterie dans le but de concourir à la beauté
des pierres, c'est en combinant leur présence

dans notre tableau conjointement avec celle des pierres que nous allons déterminer dans chacun d'eux la complémentaire de chaque pierre.

Le cadran est dressé à cet effet (pl. II). Il se compose de deux rangées circulaires : l'une, intérieure, composée d'émaux, l'autre, extérieure, composée de pierres; le centre est occupé par une aiguille qui doit servir à nos recherches.

En effet, supposons l'aiguille mobile comme celle d'une boussole, nous n'aurons qu'à présenter une des pointes de l'aiguille à la pierre dont nous voulons connaître la complémentaire, pour que l'autre extrémité de l'aiguille nous désigne de suite l'émail qui convient le mieux à son entourage, en avive l'éclat et en complète la beauté. Nous exceptons de ce cadran les pierres à reflets chatoyants qui, décomposant la lumière, comme le fait le prisme, ne peuvent indiquer une couleur positive. Telles sont :

L'opale et ses reflets :

Le brillant et ses feux;

La perle et son iris ou son orient.

Nous déterminerons plus loin leurs alliances respectives les plus avantageuses (*note* 8).

C'est donc à maintenir chaque pierre dans la couleur qui lui est propre, à en écarter accidentellement toute teinte malencontreuse, ou à lui prêter des nuances qu'elle n'a pas réellement, mais que l'illusion peut lui prêter, que nous devons appliquer un système de modifications prévues par le résultat de notre loi du contraste. Cette science, bien entendue et bien appliquée, peut donc modifier, dans le sens que l'on veut, la couleur d'une pierre, chose essentielle pour en augmenter la valeur. C'est dans cette pensée que nous allons donner quelques exemples en analysant les conditions diverses des principales pierres, relativement aux contrastes qu'on leur fait ordinairement subir en bijouterie. Outre que ceci formera l'ouvrier dans son jugement, cela aura encore l'avantage de lui épargner une longue suite de tâtonnements.

TROISIÈME PARTIE.

DES PIERRES PRÉCIEUSES.

I

Du contraste des couleurs dans les pierres.

Il est inutile de compliquer ce travail en re-
traçant les classifications adoptées par les traités
de minéralogie; complication qui ne servirait
qu'à distraire le travailleur de l'objet qui doit
seul nous occuper ici (*note* 9). Nous dégageant
de tout système qui n'a pas de rapport direct
avec notre travail, nous restons en face d'une vérité incontestable : c'est qu'une pierre doit une
grande partie de sa valeur à la manière dont
on sait la faire valoir ; son aspect est donc le
point essentiel qui doit nous occuper, et les
soins méticuleux qui paraîtraient insignifiants
et ridicules tout autre part, deviennent de première nécessité quand il s'agit de tirer parti
de matières aussi précieuses.

Au point de vue dont nous nous occupons, la beauté d'une pierre est dans la perfection de sa couleur. Ainsi :

Le saphir doit nous représenter dans toute sa pureté le bleu-indigo ;

Le rubis, le rouge cramoisi ;

L'émeraude, le vert-azur ;

La topaze, le jaune orangé ou le jonquille ;

La turquoise, le bleu céleste ;

Le grenat, le rouge pourpre ;

L'améthyste, le violet pourpré ;

L'hyacinthe, le rouge ponceau ;

L'aigue-marine, le vert bleuâtre ;

Le péridot, le vert jaunâtre ;

Le corail, le rose tendre ;

Le lapis-lazuli, le bleu d'outremer ;

L'opale, le blanc diaphane et reflétant toutes les couleurs de l'arc-en-ciel.

II

Le Saphir.

Nous avons dit que cette pierre doit nous représenter le bleu-indigo dans toute sa pureté ; cependant, il n'en est pas souvent ainsi. Cette pierre, dont le symbole est *fidélité,* ne s'en pique guère quant à sa couleur, qui souvent, dans la même pierre, produit les tons nuancés les plus divers.

Si nous considérons que chaque entourage produit un contraste qui en change l'aspect, il est essentiel dès lors de bien calculer l'entourage le plus susceptible de le rapprocher du beau bleu foncé que cette pierre doit avoir.

SAPHIR.

ASSOCIATIONS DIVERSES.	COULEURS RELATIVES ou aspects différents des pierres RÉSULTANT des divers contrastes auxquels ELLES SONT SOUMISES.	EFFETS COLLECTIFS ou aspects de l'ensemble.
SAPHIR ET OR BLANC.	Par l'influence de ce contraste le saphir prend une teinte plus violette et plus veloutée qu'il n'a réellement	Ces deux couleurs jaune et bleue se conviennent et produisent un ensemble très-harmonieux.
SAPHIR ET OR FIN OU EN COULEUR.	Le saphir paraît alors plus limpide et plus pur, sa couleur se rapproche de l'indigo.	Effet très-agréable résultant du contraste des couleurs complémentaires, bleue et jaune orangé.
SAPHIR ET OR VERT.	A ce rapprochement le saphir devient plus violet et plus foncé.	Cet ensemble est triste et il est bon de l'éviter.
SAPHIR ET OR ROUGE.	Le saphir prend une teinte verdâtre.	Effet désavantageux.
SAPHIR ET ÉMAIL ROUGE	Ce voisinage ternit la couleur bleue du saphir et lui donne une teinte jaunâtre.	Ensemble à éviter (*note 12*.)
SAPHIR ET ÉMAIL VERT.	La pierre contracte alors une teinte violette.	Ces couleurs se nuisent réciproquement et produisent un triste effet.
SAPHIR ET ÉMAIL VIOLET	A ce voisinage le saphir devient verdâtre.	Effet d'ensemble peu agréable.

Associations DIVERSES.	COULEURS RELATIVES ou aspects différents des pierres RÉSULTANT des divers contrastes auxquels ELLES SONT SOUMISES.	EFFETS COLLECTIFS ou aspects de l'ensemble.
SAPHIR ET ÉMAIL BRUN.	La pierre devient plus claire, plus limpide, sa couleur plus intense.	Effet triste et peu usité.
SAPHIR ET ÉMAIL BLANC.	Le saphir paraît plus vif, plus coloré, sans changer la nature de sa couleur.	Effet d'ensemble assez agréable si le blanc est en petites parties entremêlées de filets d'or.
SAPHIR BRILLANT OU ROSE	La pierre à ce voisinage paraît plus foncée, mais moins limpide, plus terne.	Quant à l'ensemble, il est très-riche et plein d'harmonie, surtout si un filet d'or fin les sépare.
SAPHIR ET PERLES.	Le saphir se dégage sensiblement des tons laiteux qu'il pourrait avoir et paraît plus limpide et plus coloré.	Effet moins riche qu'avec les brillants, mais non moins harmonieux.

III

Le Rubis.

La couleur luxuriante de cette pierre repré-
sente l'*ivresse*. Aussi les poëtes l'invoquent-ils
dans leurs chansons bachiques. Mais, contrai-
rement au jus de la treille, l'œil étant ici le seul
sens à satisfaire, ce sont les produits les plus
colorés qui sont les plus estimés. Aussi la couleur cramoisie est-elle le but vers lequel toutes
nos combinaisons doivent pousser l'aspect de
la pierre que nous avons mission de faire valoir.

RUBIS.

Associations DIVERSES.	COULEURS RELATIVES ou aspects différents des pierres RÉSULTANT **des divers contrastes** auxquels ELLES SONT SOUMISES.	EFFETS COLLECTIFS OU aspects de l'ensemble.
RUBIS ET OR POLI.	Par l'influence de ce contraste la couleur du rubis tend à nous paraître plus pourpre qu'elle n'est réellement.	Effet simple et sévère. (Note 10).
RUBIS ET OR FIN OU EN COULEUR.	Le rubis alors gagne en vigueur et prend une teinte violette.	Idem.
RUBIS ET OR VERT	Le rubis paraît plus limpide, plus étincelant en même temps qu'il prend une belle teinte cerise.	Effet agréable et avantageux à la pierre, surtout si l'or vert est maté.
RUBIS ET ÉMAIL VERT.	La pierre paraît plus brillante, sa couleur se rapproche du cramoisi	Très-bel effet résultant du rapprochement des couleurs complémentaires.
RUBIS ET ÉMAIL ROUGE.	Le rubis devient violet et plus terne.	Aspect désagréable.
RUBIS ET ÉMAIL VIOLET.	Le rubis prend alors une teinte ponceau.	Ensemble mauvais.
RUBIS ET ÉMAIL BLEU DE ROI.	La pierre prend une teinte jaunâtre	Ensemble à éviter.

Associations DIVERSES.	COULEURS RELATIVES ou aspects différents des pierres RÉSULTANT des divers contrastes auxquels ELLES SONT SOUMISES.	EFFETS COLLECTIFS ou aspects de l'ensemble.
RUBIS ET ÉMAIL GRIS.	Le rubis se colore plus fortement et perd l'aspect laiteux qu'il pourrait avoir.	Effet souvent très-harmonieux.
RUBIS ET ÉMAIL BRUN	Il prend alors une légère teinte violette.	Cet ensemble est quelquefois usité, dans le cas où l'émail brun est employé dans les feuilles mortes.
RUBIS ET ÉMAIL BLANC.	Le rubis paraît plus coloré, mais souvent plus noirâtre.	Cet effet dépend de la quantité d'émail blanc, soit en plein ou en petites parties.
RUBIS ET ÉMAIL NOIR.	Prend une teinte plus rosée et plus claire.	Assez agréable quand l'émail ne paraît qu'en filets noirs.
RUBIS ET JASPE.	Le rubis devient plus clair et plus étincelant.	Effet très-riche et très-avantageux pour le rubis.
RUBIS BRILLANTS OU ROSES.	Le rubis paraît cramoisi foncé, mais moins limpide.	Effet très-riche et des plus agréables quant à l'ensemble
RUBIS ET PERLES.	Le rubis paraît plus coloré et plus limpide, la blancheur mate de la perle atténue les teintes laiteuses qu'il pourrait avoir.	Aspect riche et avantageux pour le rubis et plein d'harmonie pour l'ensemble.
RUBIS ET TURQUOISES.	Le rubis paraît plus écarlate.	Cet ensemble, peu usité, paraît quelquefois plein d'harmonie, mais c'est au détriment des pierres, surtout des turquoises, qui prennent alors une teinte verte très-prononcée.

IV

L'Émeraude.

Émeraude, sméralda, *l'espérance*. Espérance, par la symbolique de sa couleur, elle a de tout temps éveillé et captivé les superstitions de tous les peuples, qui lui attribuaient des vertus surnaturelles. De nos jours, sous un ordre d'idées plus matérielles, elle s'empare encore de toute notre sympathie. Ne nous rappelle-t-elle pas ces longues bandes d'azur horizontales, dont le printemps se plaît à décorer les prairies ? Mais cette fraîcheur printanière n'est que trop souvent gâtée par des givres, des glaces et des jardinages, défauts qui lui ôtent naturellement une partie de sa valeur.

ÉMERAUDE.

Associations DIVERSES.	COULEURS RELATIVES ou aspects différents de la pierre RÉSULTANT des divers contrastes auxquels ON LA SOUMET.	EFFETS COLLECTIFS OU aspects de l'ensemble.
ÉMERAUDE ET OR BLANC.	L'aspect de l'émeraude est plus bleuâtre.	Aspect agréable.
ÉMERAUDE ET OR EN COULEUR.	La pierre prend une teinte plus bleue et plus foncée.	»
ÉMERAUDE ET ÉMAIL ROSE.	La couleur de l'émeraude s'avive et paraît plus foncée.	Effet dénué d'accent, il réclame alors quelques filets d'émail noir.
ÉMERAUDE ET ÉMAIL ROUGE.	La couleur verte de la pierre devient plus éclatante.	Aspect harmonieux dû au rapprochement des couleurs complémentaires.
ÉMERAUDE ET ÉMAIL VIOLET.	L'émeraude acquiert alors l'aspect le plus resplendissant qu'elle est susceptible d'avoir.	Effet très-agréable surtout s'il est accompagné de roses ou brillants qui en ravivent l'aspect un peu sombre.
ÉMERAUDE ET ÉMAIL BLEU.	La pierre prend un aspect plus jaunâtre.	Ensemble à éviter.
ÉMERAUDE ET ÉMAIL GRIS.	L'émeraude paraît plus limpide, mais sensiblement plus jaunâtre.	Aspect monotone.

Associations DIVERSES.	COULEURS RELATIVES ou aspects différents de la pierre RÉSULTANT des divers contrastes auxquels ON LA SOUMET.	EFFETS COLLECTIFS ou aspects de l'ensemble.
ÉMERAUDE ET ÉMAIL BRUN.	La pierre paraît d'un vert azur plus pur.	Effet agréable, mais qui nécessite l'accompagnement de roses ou brillants.
ÉMERAUDE ET ÉMAIL BLANC.	L'émeraude paraît plus colorée et plus foncée.	Aspect agréable, si le blanc est divisé en petites parties, comme dans l'émail antique.
ÉMERAUDE ET ÉMAIL NOIR.	L'émail noir éclaircit l'émeraude sans nuire à sa couleur.	L'accompagnement de quelques roses ou brillants rend cet ensemble très-agréable.
ÉMERAUDE ET BRILLANTS OU ROSES.	L'émeraude gagne en couleur, mais perd en limpidité.	L'aspect de cet ensemble est des plus riches.
ÉMERAUDE ET PERLES.	Prend de la couleur et conserve sa limpidité.	Effet très-agréable à l'œil.

V

La Topaze.

Quand elle est belle, la topaze nous surprend par l'aspect large avec lequel elle se joue de la lumière. Quelques bijoutiers essayent de temps en temps de la remettre en faveur, mais c'est en vain ; soit qu'elle soit prédestinée comme sa couleur, elle perd tous les jours de son ancienne renommée, et ne conservera bientôt plus que la poésie de son nom.

TOPAZE.

Associations DIVERSES.	COULEURS RELATIVES ou aspects différents de la pierre RÉSULTANT des divers contrastes auxquels ON LA SOUMET.	EFFETS COLLECTIFS ou aspects de l'ensemble.
TOPAZE ET OR POLI.	La topaze nous paraît plus pâle près des reflets noirs du poli.	Ensemble monotone.
TOPAZE ET OR EN COULEUR.	La pierre tend alors à prendre une teinte verdâtre.	Effet peu agréable.
TOPAZE ET OR VERT.	La couleur de la pierre tire alors sur l'orangé.	Effet monotone.
TOPAZE ET ÉMAIL ROUGE.	La topaze contracte alors une teinte verdâtre.	Ensemble à éviter.
TOPAZE ET ÉMAIL VERT.	La pierre paraît alors plus orangée.	Cet ensemble demande quelques perles pour être agréable.
TOPAZE ET ÉMAIL VIOLET.	La topaze paraît alors dans toute sa beauté.	Couleurs complémentaires, mais que quelques filets blancs avantagent encore.
TOPAZE ET ÉMAIL BLEU.	Elle devient plus brillante et plus orangée.	Très-bel effet, surtout s'il est accompagné de quelques roses ou brillants.

Associations DIVERSES.	COULEURS RELATIVES ou aspects différents de la pierre RÉSULTANT des divers contrastes auxquels ON LA SOUMET.	EFFETS COLLECTIFS ou aspects de l'ensemble.
TOPAZE ET TURQUOISES.	La couleur de la pierre tire sur l'orangé.	Ensemble qui demande quelques filets d'émail noir.
TOPAZE ET ÉMAIL NOIR.	La pierre paraît plus brillante mais moins colorée.	Ensemble très-agréable s'il est accompagné de quelques roses.
TOPAZE, BRILLANTS OU ROSES.	La topaze paraît plus colorée, mais moins vive.	Effet très-riche.
TOPAZE ET PERLES.	La pierre se colore et paraît plus transparente.	Ensemble très-harmonieux.
TOPAZES ROSES.	Les topazes roses étant en quelque sorte une imitation du rubis, leur couleur se trouve soumise aux mêmes conditions de contraste.	

VI

Améthyste.

Comme la violette, dont elle nous rappelle la couleur, cette pierre a un parfum de modestie qui lui assure toujours un succès sympathique. Si elle n'a pas les ruisselantes couleurs des pierres précédentes, elle n'en a pas non plus le prix exagéré. Cette couleur harmonieuse et veloutée, c'est celle de la pensée et partant du souvenir ; aussi convient-elle parfaitement dans l'emploi modeste du demi-deuil. Là ne se borne pas le rôle qu'elle est susceptible de bien remplir en bijouterie ; en effet, mêlée aux perles, elle nous procure des parures d'un effet tout virginal.

Symbole de la *chasteté*, sa couleur est aussi plus sévère que celle de la turquoise, dont la douceur fade et douteuse joue généralement un rôle plus mondain. La nuance la plus estimée dans l'améthyste est le violet pourpre. Les combinaisons suivantes peuvent lui conserver ou la rapprocher plus ou moins de cette nuance.

AMÉTHYSTE.

Associations DIVERSES.	COULEURS RELATIVES ou aspects différents de la pierre RÉSULTANT des divers contrastes auxquels ELLE EST SOUMISE.	EFFETS COLLECTIFS ou aspects de l'ensemble.
AMÉTHYSTE ET OR POLI.	L'améthyste prend à ce contraste une belle teinte violette.	Aspect simple, sévère et très-agréable.
AMÉTHYSTE ET OR EN COULEUR.	La pierre paraît plus foncée, d'une teinte tirant sur l'indigo.	Effet très-agréable s'il s'y joint un peu de blanc.
AMÉTHYSTE ET OR VERT.	L'améthyste paraît plus foncée et plus pourpre.	Aspect un peu monotone.
AMÉTHYSTE ET ÉMAIL ROUGE.	La pierre se ternit et paraît plus verdâtre.	Ensemble à éviter : ces couleurs se nuisent mutuellement.
AMÉTHYSTE ET ÉMAIL VERT.	L'améthyste s'avive et devient pourpre.	Effet très-agréable s'il est accompagné de parties de blanc, comme roses, perles, etc.
AMÉTHYSTE ET BLEU DE ROI.	Sa couleur tire alors vers l'orangé.	Peu agréable.
AMÉTHYSTE ET ÉMAIL BLANC.	La pierre paraît plus colorée.	Aspect agréable, mais si le blanc est divisé en petites parties.
AMÉTHYSTE BRILLANTS, OU ROSES.	Elle paraît plus foncée, plus bleue.	Effet très-riche et agréable.
AMÉTHYSTE ET PERLES.	L'améthyste devient plus colorée et plus limpide en même temps.	Ensemble des plus harmonieux.

VII

L'Opale.

Voilà peut-être la pierre la plus délicate à entourer ; sa transparence diaphane et ses belles nuances sont très-sensibles au voisinage qu'on leur donne. Ses couleurs se produisent par bandes, par paillettes, depuis les nuances les plus légères jusqu'aux couleurs les plus splendides. Quand elles sont belles, leur beauté tient de l'enchantement. Elles nous renvoient par mille jets féeriques les rayons du soleil, qu'elles recèlent dans leurs fissures. Ces rayons bondissent, s'éparpillent, s'évadent en zigzag dans les dédales de leurs crevasses. Au point de vue de la structure physique, ces crevasses sont des défauts ; mais que de charme dans ces imperfections ! En voyant ruisseler ces cascades de lumière prismatique, l'œil s'allume, l'imagination prend les ailes du rêve, et l'on a comme de vagues souvenirs de pays dont on n'a jamais eu connaissance que dans les contes des *Mille et une Nuits*. On s'explique alors la passion de certains amateurs qui acquièrent à des prix fous ces perfides coquettes.

Perfides! Oui, car, hélas! elles s'évanouissent quelquefois et ne produisent plus que des feux qui se perdent en imperceptibles nuances et ne laissent en notre possession qu'un haricot translucide ou d'un blanc laiteux, quand il n'est pas de la couleur du miel.

OPALE.

Associations DIVERSES.	COULEURS RELATIVES ou aspects différents de l'opale RÉSULTANT des divers contrastes auxquels ON LA SOUMET.	EFFETS COLLECTIFS OU aspects de l'ensemble.
OPALE ET OR POLI.	L'opale paraît plus blanche et plus opaque.	Ensemble assez agréable.
OPALE ET OR EN COULEUR.	La pierre perd le ton jaunâtre qu'elle pourrait avoir, et paraît plus azurée.	Cet ensemble a besoin d'un peu d'émail noir pour éviter la monotonie.
OPALE ET ÉMAIL BRUN.	L'opale devient plus azurée et plus transparente.	Ensemble peu usité, mais très-favorable à la pierre
OPALE ET ÉMAIL NOIR.	L'opale paraît alors dans toute sa beauté, elle devient plus blanche et ses reflets sont plus vifs,	Ensemble très-agréable, surtout quand il est accentué par quelques petites roses isolées dans son ensemble.
OPALE ET ÉMAIL VIOLET.	L'aspect de la pierre devient jaunâtre.	Ensemble à éviter.
OPALE ET ET PERLES.	L'opale prend une transparence bleuâtre.	Ensemble agréable, mais qui demande un peu d'émail noir pour lui donner un peu d'accent
OPALE ET ÉMAIL BLEU.	L'opale perd ses reflets azurés, devient d'une teinte mielleuse.	Ensemble à éviter pour la pierre, mais agréable à l'œil.

Associations DIVERSES.	COULEURS RELATIVES ou aspects différents de l'opale RÉSULTANT des divers contrastes auxquels ON LA SOUMET.	EFFETS COLLECTIFS ou aspects de l'ensemble.
OPALE ET ÉMAIL VERT.	Les reflets verts de la pierre en sont amortis, mais les flammes rouges gagnent de l'éclat.	Ensemble agréable.
OPALE ET ÉMAIL ROUGE.	L'opale perd ses reflets rouges au bénéfice des verts.	Aspect à éviter, attendu que les flammes rouges de l'opale étant plus estimées que les reflets verts, il faut les ménager autant que possible.
OPALE ET ROSES OU BRILLANTS.	L'opale ne peut gagner au voisinage du brillant qui la domine par sa blancheur et l'éclat de ses feux étincelants. Les roses lui conviennent mieux; dans ce cas la meilleure manière est de la monter à griffes couronnées de roses, avec de l'émail noir dans les arcades.	Effet d'ensemble très-riche et bien goûté. Cependant, il demande une réflexion quand l'opale a une certaine valeur qu'il faut respecter en sacrifiant l'effet d'ensemble, quelque riche qu'il soit (note 14).

VIII

La Turquoise.

Comme la précédente, cette pierre est susceptible d'une décomposition mortelle. Méfiez-vous de sa couleur si douce, si tendre, c'est la complexion ordinaire des poitrinaires.

En effet, l'on peut dire qu'elle porte en elle le germe de sa maladie; ne renferme-t-elle pas de l'oxyde de cuivre dans sa composition? Mais la facilité heureuse avec laquelle elle se prête à la composition de fleurettes de myosotis et mille objets de sentiment la rend toujours d'un emploi précieux.

Quoiqu'une grande partie, sous le nom de *vieille roche*, brave assez bien l'effet du temps, il importe de l'entourer du spécifique qui doit le plus longtemps possible la préserver artificiellement de toute teinte verdâtre : ce spécifique, c'est sa couleur complémentaire.

7

LA TURQUOISE.

ASSOCIATIONS DIVERSES.	COULEURS RELATIVES ou aspects différents de la pierre RÉSULTANT **des divers contrastes** auxquels ELLE EST SOUMISE	EFFETS COLLECTIFS ou aspects de l'ensemble.
TURQUOISE ET OR POLI.	La turquoise prend une belle teinte bleue azurée.	Ensemble très-agréable.
TURQUOISE ET OR EN COULEUR.	La pierre perd toute nuance verdâtre et brille du plus beau bleu céleste.	C'est sans contredit l'entourage le plus avantageux, joignez-y un peu d'émail noir et de perles, et vous aurez la turquoise dans la condition la plus parfaite, quant à sa couleur et quant à l'aspect de l'ensemble.
TURQUOISE ET ÉMAIL VERT.	La turquoise perd sa teinte verdâtre et tire sur le violet.	Aspect désagréable.
TURQUOISE ET ÉMAIL ROUGE.	La pierre prend un aspect verdâtre à ce rapprochement.	Ensemble à éviter.
TURQUOISE ET ÉMAIL VIOLET.	La turquoise contracte alors une teinte verte et pâlit.	Effet à éviter.
TURQUOISE ET ÉMAIL BLEU DE ROI.	La pierre devient jaunâtre.	À éviter.

Associations DIVERSES.	COULEURS RELATIVES ou aspects différents de la pierre RÉSULTANT des divers contrastes auxquels ELLE EST SOUMISE.	EFFETS COLLECTIFS ou aspects de l'ensemble.
TURQUOISE ET ÉMAIL BRUN.	La turquoise s'épure, s'éclaircit et prend une teinte bleue azurée.	Ensemble peu usité.
TURQUOISE ET ÉMAIL NOIR.	La pierre devient d'un bleu plus clair et plus pur.	Ensemble très-agréable.
TURQUOISE ET ÉMAIL BLANC.	La turquoise paraît plus foncée mais moins opaque.	Ensemble très-agréable si l'émail blanc est divisé en petites parties, comme dans l'émail antique.
TURQUOISE ET BRILLANTS OU ROSES.	La turquoise paraît plus foncée et plus opaque.	Effet très-doux et très-riche, surtout si la turquoise est sertie dans l'or fin.
TURQUOISE ET PERLES.	La pierre se défait des tons laiteux qu'elle pourrait avoir et y gagne une belle couleur bleue qui tend à paraître plus foncée.	Effet plein d'harmonie, surtout si l'or fin et l'émail noir interviennent dans l'ensemble.

IX

La Perle.

Si la nature s'est plu à classer ce joyau dans un autre règne de ses produits, la beauté précieuse de la perle lui a conquis sa place parmi les pierres précieuses, qu'elle égale par sa valeur, qu'elle accompagne dans presque toutes les parures, sans qu'aucune puisse se trouver incommodée de son voisinage ; sa douceur mate leur est même de beaucoup favorable. La perle s'accommode même du voisinage de presque tous les émaux, qui ne peuvent qu'annuler l'iris qui se joue à sa surface. Dédaigneuse de cette parure irisée, elle l'abandonne à la nacre, dont elle fait litière, et prétend à un éclat plus précieux, que l'on nomme *orient*. Elle doit être d'un blanc azuré, ressemblant à l'éclat que prend un grain d'argent vierge fondu ; cet éclat, joint à la blancheur, constitue la perfection de son aspect. Il s'en présente souvent entièrement nuancées de rose, de lilas, de bleuâtre, et même prenant l'éclat de l'acier poli. Mais, à part les roses, qui sont très-estimées, et dont nous devons ménager la nuance, il faut ramener, autant que possible, les autres, par la combinaison du contraste, vers l'éclat orienté dont nous avons parlé plus haut.

LA PERLE.

Associations DIVERSES.	COULEURS RELATIVES ou aspects différents de la perle RÉSULTANT des divers contrastes auxquels ELLE EST SOUMISE	EFFETS COLLECTIFS ou aspects de l'ensemble.
PERLE ET OR POLI.	A ce contraste la perle y gagne une blancheur argentée.	Aspect agréable.
PERLE ET OR EN COULEUR.	La perle prend un orient plus clair et plus azuré.	Riche alliance surtout avec un peu d'émail noir.
PERLE ET OR VERT.	La perle nous paraît alors d'une teinte rosée.	Effet très-doux, que l'on peut relever d'un peu d'émail noir.
PERLE ET ÉMAIL BLEU.	La perle devient plus jaunâtre et perd de son azur.	Mais l'effet d'ensemble est très-harmonieux surtout avec quelques roses.
PERLE ET ÉMAIL VERT.	La perle tend à nous paraître d'un beau rose, teinte très-estimée.	Très-bel effet.
PERLE ET ÉMAIL ROUGE,	A ce contraste la perle prend un aspect verdâtre.	Agréable quant à l'aspect.
PERLE ET ÉMAIL VIOLET.	La perle nous paraît plus verdâtre, moins belle qu'elle n'était	Très-bel effet quant à l'ensemble.
PERLE ET ÉMAIL OU TURQUOISES.	La perle contracte une teinte jaunâtre.	Effet très-agréable à l'œil
PERLE, ROSES OU BRILLANTS.	Elle prend alors une teinte plus laiteuse et plus terne.	Ensemble des plus harmonieux et des plus riches.
PERLE ET ÉMAIL NOIR	La perle paraît alors dans toute sa blancheur.	Aspect très agréable.

X

Le Grenat.

Escarboucle, vermeil, grenat de Bohème, tels sont les noms que prend le grenat, selon la variété de couleur sous laquelle il se présente.

Mais la plus estimée est celle qui lui vaut le nom de grenat syrien.

Cette supériorité se manifeste par une nuance violette pourpre, dont nous devons, autant que possible, ménager le velouté.

GRENAT.

Associations DIVERSES.	COULEURS RELATIVES ou aspects différents de la pierre DÉTERMINÉS **par le contraste.**	EFFETS COLLECTIFS ou aspects de l'ensemble.
GRENAT ET OR BLANC.	Le grenat paraît plus foncé. Moins jaune.	Ensemble de bon goût.
GRENAT ET OR EN COULEUR.	Il paraît plus violet, mais aussi plus foncé.	Effet assez agréable.
GRENAT ET ÉMAIL VERT.	Prend alors une teinte vive et brillante, et d'un beau rouge.	Ensemble très-agréable résultant des couleurs complémentaires.
GRENAT ET ÉMAIL NOIR.	Paraît moins sombre et plus limpide.	Aspect assez triste.
GRENAT ET ÉMAIL BLEU.	Contracte alors une teinte jaune qui le rapproche de la hyacinthe.	Ensemble désagréable.
GRENAT ET PERLES.	Paraît plus coloré et plus foncé, mais plus limpide.	Aspect très-doux et très-joli à l'œil.
GRENAT ET ROSES OU BRILLANTS.	Il paraît alors plus noirâtre, moins limpide.	Très-bel effet comme richesse.
GRENAT ET TURQUOISES.	Devient d'une teinte plus jaune, plus noirâtre.	Cet ensemble présente quelquefois un effet très-agréable, mais ce n'est toujours qu'au détriment des pierres.
GRENAT ET ARGENT OXYDÉ.	Le grenat paraît plus vif, moins noir, plus resplendissant	Ensemble très-sévère, auquel l'on joint toujours quelques filets d'or pour l'accentuer.

Ces observations sur le grenat s'appliquent également à l'hyacinthe et à la vermeille, qui subissent les mêmes influences de contraste.

XI

Le Corail.

Anciennement, la couleur préférée dans le corail était le rouge sang. C'est qu'alors, tenant compte du rôle qu'il jouait dans la parure des femmes, l'on exigeait cette couleur : sa mission était de rehausser, de prêter de l'éclat, de la fraîcheur à la carnation de la personne qui s'en parait ; aussi était-ce la parure enviée des brunes, et son emploi le plus fréquent était-il d'être confectionné en collier. Mais la mode, qui se pique fort peu d'être logique, nous impose maintenant le rose comme la couleur estimée dans le corail. Après un tel décret, il n'y a plus qu'à courber la tête ; bien mal avisé qui y trouverait à redire.

Du reste, nous n'avons pas ici à étudier le

corail dans ses rapports avec la carnation de ces dames, mais pour son compte particulier ; c'est-à-dire à lui procurer ce rosé délicat qu'il possède quelquefois à un degré si suave, que la perle même semble alors être jalouse de son voisinage.

LE CORAIL.

Associations DIVERSES	COULEURS RELATIVES ou aspects différents du corail RÉSULTANT **des divers contrastes** auxquels IL EST SOUMIS	EFFETS COLLECTIFS ou aspects de l'ensemble.
CORAIL ET OR BLANC.	L'or poli influence peu la couleur du corail, il tend à le pâlir.	Aspect agréable.
CORAIL ET OR EN COULEUR.	Le corail paraît d'une teinte plus violacée,	Effet très-agréable.
CORAIL ET OR VERT.	La couleur du corail paraît plus colorée, plus intense.	Ensemble assez agréable.
CORAIL ET ÉMAIL VERT	Le corail pâlit alors et tend à paraître d'un beau rose.	Effet naturel très-agréable.
CORAIL ET ÉMAIL NOIR.	La couleur du corail s'éclaircit et se rapproche de la couleur chair.	Très-bel effet.
CORAIL ET ÉMAIL VIOLET	Le corail paraît plus jaunâtre.	Mauvais effet.
CORAIL ET ÉMAIL BLEU.	Devient orangé, teinte malencontreuse	Aspect à éviter.
CORAIL ET PERLES.	Le corail paraît un peu plus foncé, et moins opaque.	Effet très-tendre, auquel ne nuiraient pas quelques filets noirs.
CORAIL ET TURQUOISES.	Le corail prend un aspect jaunâtre.	Aspect peu agreable.
CORAIL ET BRILLANTS OU ROSES.	Le corail paraît plus rouge, plus opaque	Ensemble très-doux, mais qui réclame aussi de l'émail noir.

XII

Le Lapis-Lazuli.

Il semblerait que la nature ne nous livre qu'avec regret les plus belles teintes de ses couleurs. Cette pierre, dont l'on extrait le bleu d'outre-mer, ne nous apparaît le plus souvent que semée de paillettes métalliques qu'accompagnent presque toujours des traînées d'un gris sale et douteux, qu'il importe de racheter à l'œil par la combinaison de son entourage. Ces taches grises se rachètent ou s'amoindrissent par le contraste de l'argent oxydé ; aussi est-ce l'accompagnement le plus heureux et celui que l'on emploie le plus fréquemment.

Pour sa couleur bleue, nous ne recommencerons pas l'analyse que nous avons déjà faite par rapport au saphir. Les influences qui en résultent dans les différents contrastes étant les mêmes, nous renvoyons à cette pierre pour s'en former une idée.

XIII

Le Jaspe.

Marbre égyptien d'une belle teinte verte sévère et précieuse, parsemée de taches sanguinolentes qu'il faut bien ménager, celles-ci étant une des conditions de sa beauté. Mais cette pierre, ne servant le plus souvent, vu son peu de valeur, que de base ou de dessous pour faire ressortir la beauté d'autres pierres plus précieuses, ne demande pas une analyse particulière.

Il serait oiseux de pousser plus loin l'examen des pierres, par rapport à leur entourage. Nous nous sommes occupé des principales, comme servant de types aux pierres secondaires qui tendent plus ou moins à les imiter.

et sont, par cela même, soumises aux mêmes
conditions, au point de vue du contraste dans
les couleurs. Ce qui précède suffit pour prévoir le résultat de ces combinaisons. Nous laissons donc à la sagacité du praticien le soin de
poursuivre chaque pierre dans toutes ses conditions de beauté ou de défaveur, résultant des
contrastes plus ou moins bien combinés aux-
quels on la soumet.

UN DERNIER MOT.

Nous avons parlé des conditions de perfection dont est susceptible chaque couleur, à son point de vue respectif; mais, quand il s'agit d'une parure, d'une composition quelconque, présentant plusieurs couleurs, il est essentiel de calculer la justesse de proportion et d'éclat qu'il est nécessaire de donner à chacune d'elles pour qu'elles concourent mutuellement à la réalisation d'un tout que l'on veut rendre harmonieux. Nous en venons donc à une recommandation que nous ne pouvons passer sous silence, parce qu'elle nous semble essentielle et des mieux fondées.

C'est que, dans une parure, fût-elle de plusieurs couleurs, une seule doit toujours dominer. Le rôle des autres se borne alors à la faire valoir, et non à le disputer avec elle en éclat et en effet.

Dans cette condition, la couleur qui a la supériorité prend une énergie qui éveille en nous une impression analogue à son caractère symbolique, et produit un effet qui parle à l'âme en même temps qu'il satisfait les yeux.

Autrement, l'on obtient quelquefois un ensemble éclatant, mais d'un goût douteux, qui partage l'œil en diverses impressions qui s'annulent mutuellement par leur concurrence.

FIN.

NOTES.

NOTES.

—

(1) S'il ne s'agissait encore que de l'insuffisance de la formule qui énonce cette loi. Mais elle se trouve en opposition avec elle-même aux premières applications que l'auteur en fait.

En effet, voulant appuyer sa loi par des exemples, l'auteur nous dit (chapitre III, page 12 et page 21) : « Si nous juxtaposons les couleurs suivantes, rouge et bleu, le bleu paraîtra vert, et le rouge paraîtra orangé. » Il me semble que, bien loin de paraître plus dissemblables, ces couleurs se rapprochent dans leur composition optique. En effet, pour que le bleu devienne vert, il lui faut une addition de jaune. Pour que le rouge devienne orangé, il lui faut une addition de jaune.

N'est-ce pas, au contraire, se rapprocher que de s'emprendre à la vue de la même couleur. C'est.

au contraire, un pas vers une fusion : Juxtaposons rouge et jaune; le rouge paraîtra violet, le jaune paraîtra vert. Comment se produit ce phénomène? n'est-ce pas par l'intervention du bleu dans chacune des deux couleurs ?

Juxtaposons jaune et bleu : le jaune devient orangé, le bleu parait indigo. Et cela en s'adjoignant tous deux du rouge.

Ceci n'est-il pas une assimilation, au lieu d'être une dissemblance? Serait-il bon de recommander un pareil traité, au moment où notre art demande à grands cris des traités qui le guide vers une amélioration, vers un progrès reconnu nécessaire par notre infériorité industrielle, constatée à l'Exposition de Londres ?

(2) Ceci nous mène à faire une observation avant de hasarder un jugement, une critique par rapport aux couleurs; il est bon de s'assurer de la perfection de son sens visuel. Les contradictions en fait de couleur proviennent souvent d'individus affectés du daltonisme, et qui, n'ayant pas conscience de leur état, se jettent dans ces contradictions sans en connaître la cause.

(3) Il semblerait que les ors de couleur viennent ici contredire cette théorie ; mais, au moindre examen, nous voyons bien vite que ce qui en est cause c'est la dénomination fausse que l'on donne à ces

différents alliages ; ces noms ne sont vrais que relativement à la couleur de l'or fin, qui est jaune orangé ; en effet :

L'or rouge, produit de l'or fin et d'une addition de cuivre rosette, n'est pas rouge, mais d'un rose couleur chair que l'on aperçoit bien quand il est maté, car le poli fait miroiter sa surface en une infinité de tons qui empêchent de bien constater sa nuance. L'or vert, produit de l'or fin et de l'argent, n'est pas vert, mais d'un blanc gris verdâtre. L'or blanc a une nuance jaune bâtarde produite par le mélange de l'or fin, du cuivre et de l'argent.

Il en est de même de l'or bleu, produit par un mélange de fer, ce qui lui donne une teinte grise que l'on est convenu d'appeler bleue, relativement aux autres couleurs de l'or. Ce ne sont donc que des noms de convention qui ne peuvent prétendre à nous donner les couleurs naturelles, mais seulement les rappeler.

(4) Si ceci dépend de la décision du patron, il n'est pas inutile que l'ouvrier en ait au moins la connaissance, afin d'interpréter avec intelligence la pièce qui lui est confiée.

(5) Il est même reconnu maintenant que les sept couleurs du spectre solaire sont la conséquence de ce que le prisme procure trois spectres superposés de même étendue : de cette combinaison il

résulte les couleurs composées. En effet, un célèbre
physicien d'Édimbourg, **M. Brewster,** par une certaine manière d'opérer, a obtenu du spectre solaire
les trois couleurs simples, le rouge, le jaune et le
bleu, seules et sans aucun mélange.

(6) Nous ne nous occupons pas ici du contraste de
tons, c'est-à-dire des effets réciproques du clair et
de l'obscur. Outre que les effets qui en dépendent
demanderaient des observations à part, ils vien-
draient ici traîner après eux une foule de contradictions qui leur sont spéciales, et dont il est inutile
de rendre solidaire le contraste dans les couleurs.
Donnons ici une idée de ces contradictions dans les
contrastes de tons que nous sommes exposés à ren-
contrer dans la pratique de notre art.

Dans le but de faire un bijou agréable à l'œil
(une broche, par exemple), une pierre nous est
donnée, laquelle est trop foncée. S'ensuit-il que
nous devions, pour faire paraître la pierre d'un ton
plus clair, l'entourer d'une couleur plus foncée qui,
par son contraste, l'éclaircirait? Oui (si nous ne considérons que la pierre); non (et cette considération
l'emporte quelquefois sur l'autre), non, dis-je, si
nous ne voulons produire un ensemble triste et
sombre. Il faut, au contraire, faire intervenir un
motif qui réveille et vienne égayer cet ensemble
pour le rendre le plus agréable possible. Quant à la
pierre, ce n'est pas par le contraste de ce qui l'en-

toure, mais entre les parois qui la renferment, que nous devons calculer une combinaison qui lui procure des reflets plus clairs.

On voit, d'après cet exemple, que tout principe voulant régler le contraste dans les tons serait arbitraire, et qu'il vaut mieux laisser à la sagacité du travailleur d'en prévoir les effets. Ils sont en effet si simples et si naturels, que le bon sens n'a pas, comme dans les couleurs, besoin de connaissances théoriques pour en avoir raison. Ce sont les circonstances et la destination de l'objet qui en décident.

(7) Ce phénomène se produit, bien entendu, dans la condition d'après laquelle l'on juge généralement les objets dans notre profession, c'est-à-dire à une distance à peu près égale à celle qu'il y a entre l'œil et la main, distance qui est en proportion avec la grandeur d'un bijou.

Dans un plus grand éloignement, la nature des effets peut changer (ceci est subordonné à la portée de la vue qui porte un jugement). Ce qui était un effet de contraste vu de près, devient alors un effet de mariage qui provient des rayons réfléchis des deux couleurs, qui, se diffusant, se confondent de loin. Notons encore que ce mariage apparent est supérieur à un mélange direct, car il profite de l'exaltation qui provient de la juxtaposition des couleurs qui le produisent.

Donnons un exemple. Si nous entremêlons des

bandes d'émail parallèles bleues et rouges, à une
certaine distance, les rayons réfléchis de ces couleurs produisent un rayonnement qui nous paraîtra
d'un violet lumineux, bien supérieur à celui obtenu
par le mélange direct du rouge et du bleu.

Expliquons le fait : Le contraste des deux couleurs simples juxtaposées, bleue et rouge, leur
adjoint accidentellement une addition de jaune (résultat prévu par notre principe) ; dans cette condition, le jaune procure ce rayonnement lumineux
adhérent à sa nature. Dans le mélange direct, le
jaune n'intervient pas, et s'il intervenait, il ne fe-
rait que décomposer la couleur violette en un gris
sale et terne.

(8) Nous avons démontré, une pierre nous étant
donnée, le moyen d'en augmenter la couleur et l'é-
clat, mais il ne s'ensuit pas pour cela que l'on doive
opposer sans discernement chaque couleur à sa complémentaire. Il est des cas où une pierre doit avoir
sa couleur sacrifiée, sa valeur l'exige quelquefois,
et c'est ici le cas de bien calculer les modifications
qui se produisent dans les contrastes. Exemple :
J'ai vu dernièrement un brillant jaune bois, en-
touré d'arcades émaillées bleues. N'était-ce pas
rendre plus évidente encore cette malheureuse
teinte jaune qui aurait dû, au contraire, être sacrifiée et disparaître, autant que possible, dans l'intérêt
de la pierre ?

Cette pierre aurait dû être montée dans l'émail noir et l'or en couleur. L'entourage noir l'aurait blanchie par son contraste de ton, puis le voisinage de l'or en couleur aurait eu pour résultat de diminuer tellement la nuance jaunâtre de la pierre, que si elle n'avait pas disparu, l'œil, impressionné par la couleur orangée de l'or fin, aurait cru voir, par l'illusion du contraste, une nuance plus bleuâtre, qui aurait transformé sensiblement la première couleur en une nuance jonquille qui aurait beaucoup avantagé la pierre. Mais l'on comptait peut-être par là procurer des reflets bleuâtres à la pierre. Alors, dans cette pensée, il aurait fallu émailler bleu l'intérieur du chaton et non la surface entre les griffes.

(9) Pour les minéralogistes, la couleur est nulle ou à peu près : en effet, ils n'ont égard, dans leurs classifications, qu'aux propriétés physiques suivantes : la dureté, la forme primitive ou de cristallisation et la pesanteur spécifique, la coloration d'une pierre étant due à un principe étranger, souvent en si petite quantité, qu'elle est regardée comme accessoire et ne peut prévaloir à leurs yeux pour déterminer la dénomination des pierres.

(10) Notons ici une naïveté à laquelle se laissent entraîner bien des bijoutiers, je veux parler des rubans et des feuilles ou pierres de couleur. Il y a

ici souvent opposition entre le résultat et l'effet attendu. Ainsi, de l'emploi des rubis pour le serti des rubans, résulte souvent un effet criard et discordant qui détruit l'effet qu'on avait d'abord obtenu. Le ruban était tout or, laissé en blanc, il avait un mouvement fort gracieux ; ce qui le rendait agréable à l'œil, c'était sa surface onduleuse, les lignes serpentines qui engageaient l'œil à en caresser les contours. Que devient tout ceci, si nous divisons le ruban par autant de petits carrés rouges que représentent les rubis ? Le charme cesse ; nous obtenons de la richesse, mais au détriment de la forme ; non-seulement l'œil, qui glissait facilement sur la surface du ruban, se trouve heurté, arrêté par les aspérités que présente la forme des pierres, mais il reçoit encore l'impression causée par tous ces petits carrés d'une couleur tranchant sur celle du ruban.

Il en est de même des feuilles. Les feuilles sont vertes dans la nature. Eh bien , si nous les parions d'émeraudes? et cette pensée, qui nous semble si naturelle, nous conduit souvent à un résultat de mauvais goût. On est tout étonné, quand le tout est serti, que le bijou ne produise pas l'effet qu'on en attendait. La chose n'est pas cependant incompatible avec le bien, mais à quelles conditions? Pour y arriver, il faudrait assimiler la couleur de l'or à celle des pierres, ceci nuirait aux pierres, mais formerait un ensemble identique sur lequel l'œil glisserait pour ne s'arrêter qu'au découpé des formes. Ceci vaudrait-il mieux? Mais la meilleure manière serait encore de faire tailler les pierres d'après les formes des feuilles. Cette idée semble se faire jour et être enfin comprise. Aussi voyons-nous quelques fabricants commencer à faire tailler des pierres de la forme que présentent les pétales des fleurs qu'ils veulent imiter.

(11) Il est bien entendu que nous ne parlons que des aspects généraux des pierres et non pas des particularités, ce qui nous obligerait d'analyser toutes les variétés qui pourraient se produire dans chaque espèce de pierre ; ceci ne nous est pas permis, vu le cadre restreint que nous voulons donner à cet aperçu. En effet, puisqu'il s'agit de l'opale ici, il est évident que tout ce que nous avons dit ne s'applique qu'à l'aspect sous lequel se présente généralement l'opale, c'est-à-dire lançant des jets qui participent de toutes les couleurs de l'arc-en-ciel. Mais, s'il se présente, comme il arrive quelquefois, qu'une opale ne reproduise qu'une couleur dans ses reflets, comme le vert, il est évident que cette opale peut trouver un accompagnement très-heureux dans l'émail rouge ou violet. Ceci est une exception.

(12) Nous avons dit que le bleu et le rouge formaient un assortiment désagréable. En effet, la troisième couleur qui intervient par le résultat du contraste ne vient pas les changer et en faire des couleurs

composées, mais modifier seulement l'intensité de leurs couleurs : elle ternit le bleu par un mélange de jaune et amortit l'éclat du rouge par une teinte jaunâtre ; en un mot, elle les affaiblit et les dénature. Ceci nous explique la mauvaise impression que l'œil ressent toutes les fois qu'il aperçoit l'assortiment de ces deux couleurs, sans qu'une troisième couleur, comme le blanc dans le drapeau tricolore, vienne s'intercaler et rendre par là à chacune sa valeur en les isolant. Mais joignez-y le jaune, sous forme d'ornement ou de dorure, et vous aurez de suite un ensemble harmonieux.

FIN DES NOTES.

TABLE DES MATIÈRES.

PREMIÈRE PARTIE.

MÉLANGE DANS LES COULEURS.

DEUXIÈME PARTIE

DU CONTRASTE DANS LES COULEURS.

TROISIÈME PARTIE.

DES PIERRES PRÉCIEUSES.

FIN DE LA TABLE.